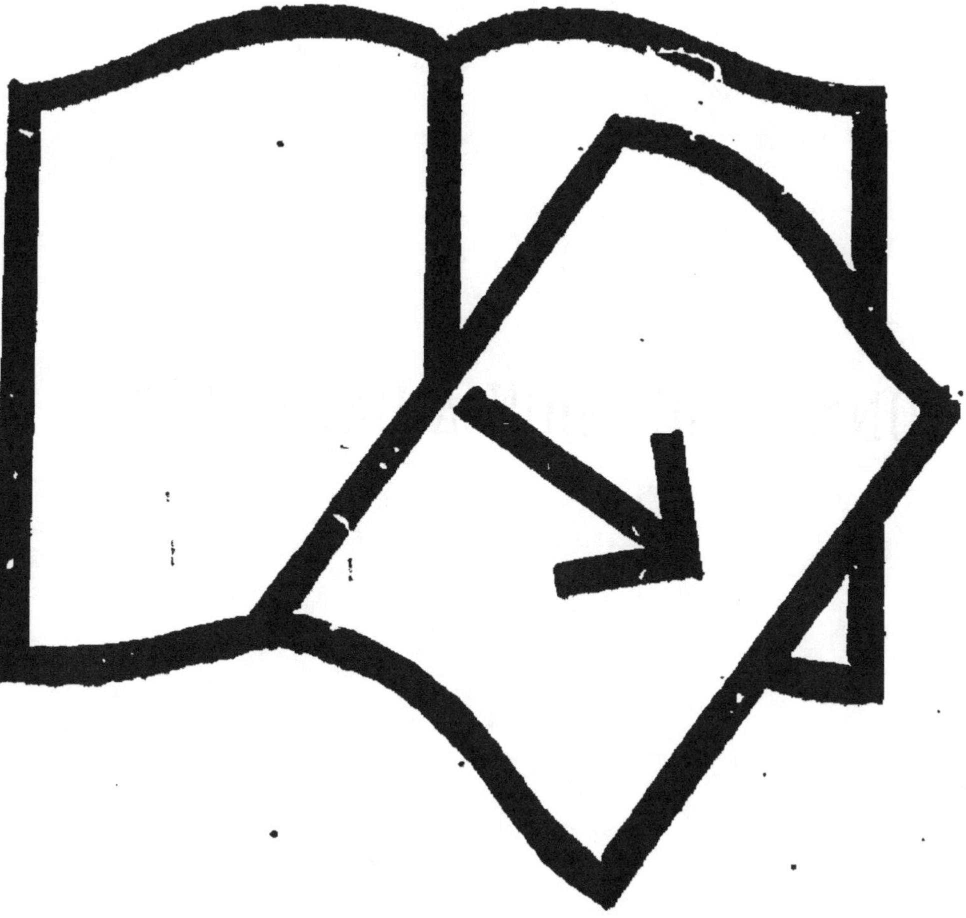

Couvertures supérieure et inférieure manquantes

UNE EXCURSION A CARTHAGE

AVIGNON — IMPRIMERIE SEGUIN FRÈRES

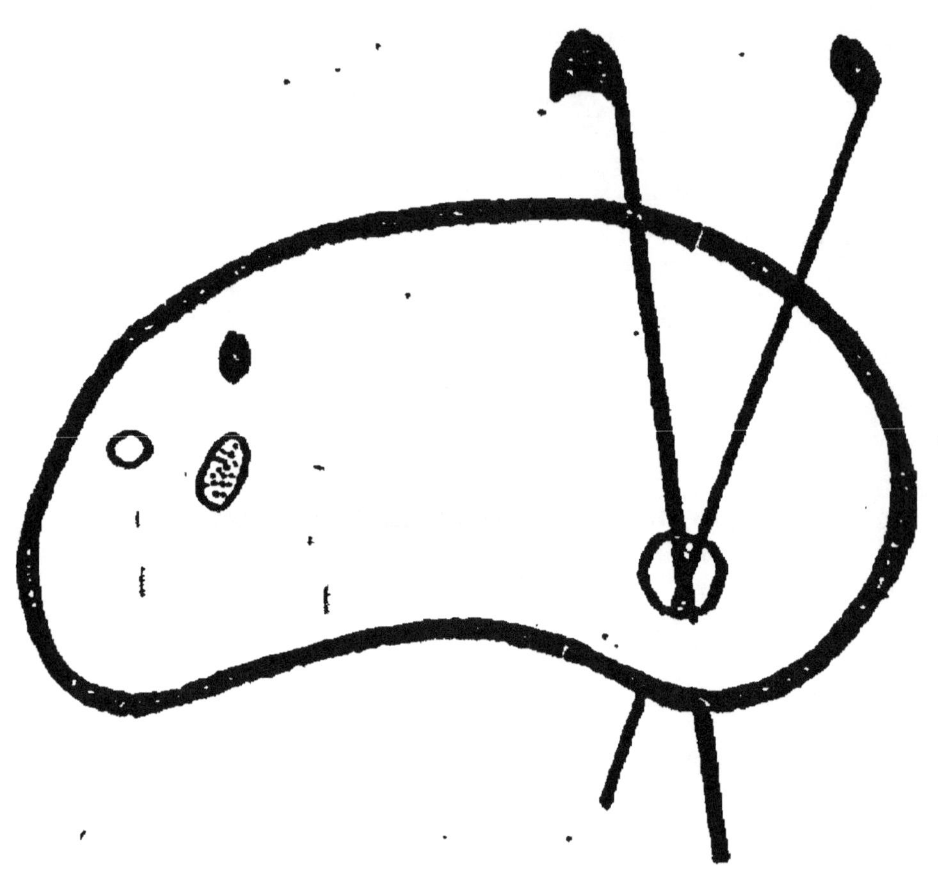

FRANÇOIS CHABRELY

UNE EXCURSION

A

CARTHAGE

AVEC UNE LETTRE DE S. E. LE CARDINAL LAVIGERIE

PARIS
SOCIÉTÉ GÉNÉRALE DE LIBRAIRIE CATHOLIQUE
VICTOR PALMÉ, directeur
76, rue des Saints-Pères, 76

1885

VICARIAT APOSTOLIQUE
DE CARTHAGE
et
DE LA TUNISIE

Carthage, le 2 février 1884.

Monsieur l'Abbé,

J'ai parcouru le manuscrit où vous avez retracé vos impressions de voyage à travers les ruines de Carthage.

Je pense que votre récit est de nature à intéresser les lecteurs, et je fais des vœux pour que le succès réponde à vos généreuses intentions.

Veuillez croire, Monsieur l'abbé, à mes sentiments dévoués en N. S.

† Ch. Cardinal LAVIGERIE.

UNE EXCURSION A CARTHAGE

« Carthage, c'est la poussière d'un cadavre de géant. »

(POUJOULAT)

Le 6 mars 1881, à quatre heures du soir, je m'embarquais à Bône avec le R. P. Eveillé-Lagrange, des Frères prêcheurs, sur le magnifique paquebot le *Charles-Quint* de la compagnie transatlantique. Quelques minutes après, le vaisseau partait pour Tunis. Le ciel était serein et la mer splendide. Vers cinq heures, une bonne brise se leva et favorisa la marche du *Charles-Quint*.

Tandis que sa puissante machine nous éloignait rapidement de la gracieuse ville de Bône, j'admirais les côtes de l'Algérie, que j'ai vues si souvent brûlées par le soleil et le vent du désert et qui ressemblaient en ce moment à la verte Erim.

Les derniers rayons du soleil doraient la cime des collines du cap Rosa et le fond vert du rivage reposait agréablement ma vue. Bientôt la nuit fit disparaître à mes yeux ces côtes charmantes.

Vers sept heures nous entrions dans les eaux de La Calle; c'est une petite ville de cinq mille âmes, habitée en grande partie par des Napolitains qui font une pêche abondante de corail. Il n'est pas toujours facile d'aborder à La Calle, parce qu'il n'y a pas de port.

Le trajet ne fut pas long de cette ville à Tunis : le lendemain, au point du jour, nous étions dans la belle rade de La Goulette. Cette petite ville est le débarcadère des paquebots. Les européens y sont en majorité, mais il y a peu de français. La poste et le télégraphe sont sous la direction d'agents français. Le directeur nous reçut on ne peut plus cordialement. Il nous procura une voiture qui nous transporta rapidement au collége St-Louis, bâti à Carthage par les soins de Mgr Lavigerie, archevêque d'Alger.

Bien que depuis dix ans je sois habitué aux usages de l'Afrique, je me sentais mal à l'aise en touchant à cette terre barbare. Nous ne pouvions guère nous faire comprendre des européens qu'en essayant quelques mots de mauvais italien. Arrivés à St-Louis, nous nous retrouvions chez nous. Cette colline appartient, en effet, à la France. Le 8 août 1830, Hussein, bey de Tunis, par un traité contracté avec le roi Charles X, dont la chute n'était pas encore connue à Tunis, céda à perpétuité à sa majesté le roi de France un emplacement dans la Maalka, suffisant pour ériger un monument religieux en l'honneur de Louis IX, à l'endroit où ce prince est mort. Hussein bey ajoutait : « Nous nous engageons à respecter et à faire respecter ce monument consacré par l'empereur de France à la mémoire de l'un de ses plus illustres aïeux ».

M. Jules de Lesseps, chargé par le consul de France, son père, de choisir l'emplacement de la chapelle, décida qu'elle serait construite sur les ruines de l'ancien temple d'Esculape à Byrsa. C'est, d'après la description de Carthage faite par Joinville, à cet endroit que saint Louis a dû rendre le dernier soupir.

Commencée en 1841, la chapelle fut consacrée en 1842 par Mgr Sutter, vicaire apostolique de la régence de Tunis.

Cette chapelle ressemble assez à un grand marabout arabe. Sur l'autel du sanctuaire une statue de marbre représente St Louis revêtu du manteau fleurdelisé, avec la couronne et le sceptre.

Mgr Lavigerie espère remplacer cette chapelle par une belle église plus digne du souvenir attaché à cette colline.

L'établissement de Saint-Louis, œuvre aussi hardie qu'utile, est en pleine prospérité. Il reçoit des élèves appartenant à toutes les religions et à toutes les nations. Les Français et les Italiens catholiques vivent en parfaite harmonie avec les israélites et les musulmans appartenant aux plus riches familles de Tunis (1).

Le supérieur de Saint-Louis et ses confrères nous reçurent avec une amabilité parfaite. Le savant père Delattre nous montra ses découvertes archéologiques et voulut bien nous servir de *cicérone*.

En attendant de parcourir les ruines de Carthage, je relisais ce passage de Châteaubriand :

« L'an 883 avant notre ère, Didon, obligée de fuir sa terre natale, vint aborder en Afrique. Carthage, fondée par l'épouse de Sichée, dut ainsi sa naissance à l'une de ces aventures tragiques qui marquent le berceau des peuples, qui sont comme le germe et le

(1) Depuis que ces lignes ont été écrites, les Français ont occupé Tunis. — Les élèves de St-Louis sont au nouveau collège à Tunis. — L'établissement de Carthage est aujourd'hui un grand séminaire.

présage des maux, fruits plus ou moins tardifs de toute société humaine. On connaît l'heureux anachronisme de l'*Énéide*. Tel est le privilège du génie, que les poétiques malheurs de Didon sont devenus une partie de la gloire de Carthage. A la vue des ruines de cette cité, on cherche les flammes du bûcher funèbre ; on croit entendre les imprécations d'une femme abandonnée ; on admire ces puissants mensonges qui peuvent occuper l'imagination, dans des lieux remplis des plus grands souvenirs de l'histoire. Certes, lorsqu'une reine expirante appelle dans les murs de Carthage les divinités ennemies de Rome et les dieux vengeurs de l'hospitalité ; lorsque Vénus, sourde aux prières de l'amour, exauce les vœux de la haine, qu'elle refuse à Didon un descendant d'Enée et lui accorde Annibal : de telles merveilles, exprimées dans un merveilleux langage, ne peuvent plus être passées sous silence. L'histoire prend alors son rang parmi les muses, et la fiction devient aussi grave que la vérité (1).

(1) *Itinéraire*, 6e partie.

De l'esplanade sur laquelle s'élève la chapelle nous aperçûmes les restes du port intérieur appelé Cothon. C'est par ce port que Scipion attaqua Carthage. Il s'était rendu maître de la partie basse de la ville. Mais les Carthaginois se défendaient vaillamment. Scipion, dut faire attaquer chaque maison une à une. Ce ne fut qu'après six jours qu'il put arriver à la citadelle nommée Byrsa. Le septième jour, Scipion, sur la demande des députés carthaginois, accorda la vie à cinquante mille personnes réfugiées dans cette citadelle. Il avait excepté de cette grâce les soldats romains qui étaient passés dans les rangs ennemis.

Le temple d'Esculape, dont j'ai déjà parlé, était situé au sommet de la citadelle. Asdrubal, qui avait défendu la ville, s'y était réfugié avec les transfuges, sa femme et ses enfants. Cet homme cruel, qui « traitait les citoyens avec autant de rigueur que les ennemis », résista en désespéré pendant quelque temps aux Romains.

« Mais chassée peu à peu des parvis du temple, la

foule se renferma dans le temple même. Alors Asdrubal, entraîné par l'amour de la vie, abandonnant secrètement ses compagnons d'infortune, sa femme et ses enfants, vint, un rameau d'olivier à la main, embrasser les genoux de Scipion. Scipion le fit aussitôt montrer aux transfuges. Ceux-ci pleins de rage mirent le feu au temple, en faisant contre Asdrubal d'horribles imprécations.

« Comme les flammes commençaient à sortir de l'édifice, on vit paraître une femme couverte de ses plus beaux habits et tenant par la main deux enfants : c'était la femme d'Asdrubal. Elle promène ses regards sur les ennemis qui entourent la citadelle, et, reconnaissant Scipion : « Romain, s'écria-t-elle, je « ne demande point au ciel qu'il exerce sur toi sa « vengeance ; tu ne fais que suivre les lois de la « guerre ; mais puisses-tu, avec les divinités de « mon pays, punir le perfide qui trahit sa femme, ses « enfants, sa patrie et ses dieux ! Et toi, Asdrubal, « Rome déjà prépare le châtiment de tes forfaits !

« Indigne chef de Carthage, cours te faire traîner au « char de ton vainqueur, tandis que ce feu va nous « dérober, moi et mes enfants, à l'esclavage ! »

En achevant ces mots, elle égorge ses enfants, les jette dans les flammes et s'y précipite après eux. Tous les transfuges imitent son exemple.

Ainsi périt la patrie de Didon, de Sophonisbe et d'Annibal. Florus veut que l'on juge de la grandeur du désastre par l'embrasement qui dura dix-sept jours entiers. Scipion versa des pleurs sur le sort de Carthage (1). »

Carthage punique avait subsisté sept cent trente-quatre ans. Ce ne fut qu'après vingt-deux ans que le tribun Caïus Gracchus la fit sortir de ses ruines. Elle dut à César et à Auguste ses embellissements. Selon toute probabilité, la foi chrétienne y fut apportée dès le premier siècle de notre ère. Ce même peuple qui se passionnait pour les discours futiles des rhéteurs

(1) *Itinéraire*, 7e part.

subit facilement l'influence de l'éloquence chrétienne. La persécution multiplia rapidement les progrès de la foi : au deuxième siècle, presque toute la ville était chrétienne.

Aussi Tertullien avait-il raison de dire aux tyrans qui persécutaient cette Église naissante :

« Que ferez-vous de tant de milliers d'hommes, de femmes de tout âge, de tout rang, qui présentent leurs bras à vos chaînes ? De combien de feux, de combien de glaives, n'aurez-vous pas besoin ? Décimerez-vous Carthage ?

..... « Nous ne sommes que d'hier, et nous remplissons tout, vos villes, vos îles, vos châteaux, vos bourgades, vos conseils, vos camps, vos tribus, vos décuries, le palais, le sénat, le forum : nous ne vous laissons que vos temples (1). »

Au cinquième siècle, les Vandales s'emparèrent de Carthage et ils la dominèrent jusqu'à ce que Bélisaire s'en rendit maître, en l'année 532.

(1) Apologétique.

Cette illustre rivale de Rome aurait peut-être pu voir se lever encore des jours dignes de son ancienne splendeur, mais elle fut détruite entièrement au septième siècle par les Sarrasins. Saint Louis et plus tard Charles-Quint n'eurent pas de peine à s'émparer de Carthage.

*
* *

Lorsqu'on va du port de la Goulette à Carthage, on parcourt une route sablonneuse ; on aperçoit çà et là des ruines dispersées dans la campagne ; des chapiteaux à demi brisés gisent dans la poussière ou cachés sous les tiges de l'aloès et du cactus.

Quelques rares colonnes restées debout semblent braver la main dévastatrice du temps.

Sous un ciel de feu, où se réflètent les teintes variées de l'Orient, croissent de loin en loin dans les jardins du Bey et de ses ministres, des figuiers, des orangers, des citronniers, des bananiers, des grenadiers et quelques rares palmiers.

Cette verdure repose la vue. Mais lorsqu'on est arrivé au sommet de la colline et que l'on regarde ces débris de temples et de palais détruits, ces pans de murs écroulés, on a de la peine à croire que c'est là Carthage, dont l'enceinte ne mesurait pas moins de 36,812 mètres ; Carthage, la ville populeuse qu'enrichissaient sa flotte et son commerce; Carthage qui arrachait au fier Romain ce cri tant de fois répété : *Delenda Carthago !* Carthage, patrie d'Hamilcar et d'Annibal, dont les ombres semblent errer au crépuscule du soir autour des débris de sa grandeur, côte à côte avec l'ombre de Marius pleurant sur ses ruines.

Un arabe vagabond, dont le troupeau broute l'herbe qui pousse entre des marbres brisés, trouble seul de son chant monotone le silence de ces lieux où souffle le vent brûlant du désert.

Un sentiment de tristesse profonde saisit l'âme, et le

cœur se serre au souvenir de tant de grandeur détruite à jamais.

Notre première visite des ruines fut pour l'amphithéâtre tant de fois arrosé du sang chrétien. « Les traces en sont visibles et parfaitement reconnaissables à 1,000 mètres environ du plateau de Byrsa. Une excavation de 5 à 6 mètres de profondeur sur 90 de long et 35 de large indique son emplacement précis (1). »

L'Église célébrait ce jour-là la fête de deux jeunes femmes, sainte Perpétue et sainte Félicité, dont on fait mémoire chaque jour au canon de la messe, et dont les actes se lisaient dans l'assemblée chrétienne, au temps de saint Augustin, qui a fait plusieurs panégyriques des deux saintes. Elles furent martyrisées dans l'amphithéâtre de Carthage pendant la persécution de Sévère.

« Deux jeunes catéchumènes furent pris, Révocat

(1) *Petit guide du voyageur à Carthage.*

et Félicité, esclaves du même maître, Satur et Secundulus, et avec eux Vivia Perpetua, issue d'une famille considérable, bien élevée et mariée à un homme de condition. Elle avait son père et sa mère, deux frères, l'un desquels était aussi catéchumène, et un enfant à la mamelle, qu'elle nourrissait de son propre lait. Son âge était d'environ vingt-deux ans (1). »

Les catéchumènes furent baptisés avant d'être mis en prison. Laissons Perpétue raconter elle-même l'ordre de leur martyre :

« Peu de jours après, le bruit se répandit que nous devions être interrogés. Mon père survint aussi de la ville, consumé de tristesse : il monta vers moi pour me faire tomber, disant : « Ma fille, ayez pitié de « mes cheveux blancs ! Ayez pitié de votre père, si « du moins je suis digne que vous m'appeliez votre « père ! Si moi-même, de mes mains que voilà, je « vous ai élevée jusqu'à cette fleur de l'âge ; si je vous

(1) Ruinart.

« ai préférée à tous vos frères, ne me rendez pas « l'opprobre des hommes ! Regardez vos frères, re- « gardez votre mère et votre tante ; regardez votre « fils, qui ne pourra vivre après vous ! Quittez cette « fierté, de peur de nous perdre tous ! Car aucun de « nous n'osera plus parler, s'il vous arrive quelque « malheur. »

« Ainsi me parlait mon père dans sa tendresse, me baisant les mains, se jetant à mes pieds et m'appelant avec larmes non plus sa fille, mais sa dame. Et moi, je déplorais les cheveux blancs de mon père, de ce que, seul de toute ma famille, il ne se réjouirait pas de mon martyre, et je le consolais en disant : « Sur « l'échafaud, il arrivera ce qu'il plaira à Dieu ; car « sachez bien que nous dépendons de sa volonté et « non pas de la nôtre ». Et il s'en alla tout triste. »

La sainte raconte ensuite les visions dont elle fut gratifiée dans la prison. On en trouve le récit complet dans Ruinart et les *Acta Sanctorum*, 7 *martii*.

Rohrbacher dit de cette narration : la littérature

humaine n'a rien d'approchant. Une jeune femme, mère de famille, d'une naissance distinguée, chérie de tous les siens, et à qui rien ne manque pour être heureuse dans le monde : elle se voit séparée de son père, de sa mère, de ses frères, de son époux, de son jeune enfant, pour aller être dévorée par les bêtes, à la vue de tout un peuple ; elle voit son vieux père, qu'elle aime et qui l'aime avec tendresse, lui baiser les mains, se jeter à ses pieds pour la fléchir et lui faire dire un mot qui la sauverait du péril ; elle compatit à la douleur de son père, elle le console, mais elle ne dira pas le mot, parce que ce mot serait un péché, serait un mensonge ; et elle écrit tout cela la veille de son supplice, avec une candeur, avec un calme au-dessus de l'humanité. Non, cette paix que l'homme ne saurait dire ni même concevoir, Dieu seul peut la donner (1).

Le jour de la victoire était arrivé. Les chrétiens

(1) *Hist. univ. de l'Eglise cath.*, t. II. Edition Palmé.

sortirent de la prison et furent conduits à l'amphithéâtre. Pour satisfaire le désir du peuple, le tribun les fit fouetter en passant devant les veneurs, qui étaient les valets des jeux publics. Les condamnés passèrent nus devant leurs bourreaux, qui les frappèrent à coups de fouets à lanières, garnis au bout de balles de plomb ou de fer.

Tandis que nous visitions jusque dans ses moindres détails cette enceinte arrosée du sang des martyrs, je croyais entendre les cris de joie du peuple que les premières gouttes de sang surexcitaient.

Satur et Révocat, après avoir été attaqués par un léopard, furent ensuite exposés à un ours et à un sanglier. Les jeunes femmes furent livrées à une vache furieuse. Perpétue fut lancée en l'air la première et retomba sur les reins : elle donna la main à Félicité qui gisait à terre et l'aida à se relever.

Mais, soit que la dureté du peuple eut été vaincue ou que le proconsul Hilarien voulût faire durer plus longtemps le spectacle, les deux saintes ne furent pas exposées de nouveau.

On les ramena à la porte *Sana-Vivaria.*

Satur, qui, à une autre porte, exhortait le soldat Pudens, fut présenté à un léopard, qui le couvrit de sang. Le peuple, faisant une allusion ironique au baptême, s'écria : Le voilà bien lavé, le voilà sauvé ! Satur tomba mort au *Spoliarium* : c'était le lieu où l'on égorgeait les martyrs que les bêtes n'avaient point achevés.

Le peuple, qui aimait à varier ses plaisirs, demanda qu'on ramenât les autres martyrs dans l'amphithéâtre. Après s'être donné le baiser de paix, ils s'y rendirent d'eux-mêmes.

« Les autres reçurent le dernier coup, immobiles et en silence ; mais Perpétue tombe entre les mains d'un gladiateur maladroit, qui la piqua entre les os et la fit crier.

.....Elle conduisit elle-même sa main tremblante, et finit ainsi son martyre (1) ».

(1) Ruinart. *Acta Mart. 7 martii.*

C'était le 7 mars 203.

Les reliques des saintes Félicité et Perpétue furent conservées longtemps dans l'église de Carthage, dite *Majorum*.

Je me suis attardé longuement à parler de ces illustres saintes ; on me le pardonnera à cause de l'impression profonde que j'éprouvai en lisant le récit de leur martyre dans l'amphithéâtre de Carthage, le jour anniversaire de leur mort glorieuse.

Après avoir prié dans l'arène, nous cueillîmes des fleurs sauvages qui poussaient dans les anfractuosités des vieux murs, et nous sortîmes en silence, émus profondément en foulant ces champs des martyrs.

Le R. P. Delattre nous montra à quelque distance, dans la plaine, l'endroit où St-Cyprien, évêque de Carthage, eut la tête tranchée.

Après avoir été interrogé par le proconsul Galère-Maxime, St Cyprien entendit lire la sentence de mort, que le proconsul avait écrite sur une tablette, en ces termes :

« Il nous plaît de punir Thascius Cyprius par le glaive ». Cyprien dit : « *Deo gratias !* ». A ces mots, une foule de chrétiens demandèrent à mourir avec lui.

Cyprien fut conduit à la campagne, dans la plaine, dans un lieu complanté d'arbres, sur lesquels plusieurs chrétiens gênés par la foule montèrent pour le voir de loin. Il ôta son manteau, se mit à genoux sur la terre et se prosterna pour prier Dieu. Il donna aux diacres qui l'accompagnaient sa dalmatique, ne gardant qu'une tunique de lin. Après avoir fait donner 25 sous d'or à l'exécuteur, il se banda lui-même les yeux. C'est ainsi qu'il eut la tête tranchée le 14 septembre 258.

Les fidèles avaient mis sous sa tête des linges pour recevoir son sang ; ils ensevelirent l'illustre évêque dans un endroit voisin. Plus tard, deux églises furent construites en son honneur, indépendamment de la chapelle élevée sur le rivage de Carthage. C'est dans cette chapelle que sainte Monique passa la nuit en prières quand son Augustin partit pour Rome. Il ne reste plus trace aujourd'hui de ces édifices.

*
* *

La chaleur devenait insupportable. Il était près de onze heures du matin. Nos aimables *ciceroni* nous engagèrent à rentrer au collège Saint-Louis. Pour profiter du retour, ils nous firent passer par un autre chemin. Nous arrivâmes ainsi aux grandes citernes. Un village arabe, Malka, s'est fondé dans l'intérieur même de ces grands réservoirs.

Dès que nous fûmes aperçus par les musulmans assis sur les ruines, une bande de petits enfants courut vers nous. Ils nous présentèrent des monnaies carthaginoises, des verreries brisées et des morceaux de porphyre trouvés au milieu des débris de marbre dont le sol est couvert.

A l'époque de la domination romaine, les grandes

citernes recevaient les eaux des montagnes voisines, au moyen d'un aqueduc, dont on voit encore des ruines et qui avait un parcours de 132 kilomètres. Une partie de cet aqueduc, restauré par ordre du bey, alimente la ville de Tunis d'une eau excellente.

Nous étions arrivés sur l'esplanade de Saint-Louis, d'où l'on aperçoit un des plus beaux panoramas du monde. Je ne me lassais pas de l'admirer ; mais le P. Delattre me montra au sud de Byrsa quelques ruines encore debout qui indiquent l'emplacement de la maison du plus illustre des carthaginois, Annibal.

« Annibal eut le malheur d'être plus grand que le peuple chez lequel il était né, et son destin fut de vivre et de mourir en terre étrangère... Quand les services sont éminents, qu'ils excèdent les bornes de la reconnaissance, ils ne sont payés que par l'ingratitude (1). »

L'après-dîner fut consacré à visiter le musée du

(1) *Itinéraire*, 7e partie.

collège. Ce musée renferme des inscriptions lapidaires très intéressantes, une belle collection de monnaies romaines et puniques.

Ce qui est surtout remarquable, c'est la collection de lampes chrétiennes trouvées dans les fouilles que Mgr Lavigerie a fait faire à Carthage. Le P. Delattre en a fait l'histoire dans un travail plein d'intérêt (1).

« Consacrées, dit-il, aux sépultures et aux usages domestiques, elles devaient encore servir sans doute dans les réjouissances publiques. Tant que l'Église fut persécutée, les chrétiens s'abstinrent, il est vrai, d'illuminer l'extérieur de leurs demeures, parce que cette coutume avait une signification idolâtrique. Tertullien recommandait, en effet, aux fidèles de Carthage de ne pas décorer leurs maisons de lauriers et de ne pas faire d'illuminations : *Die læto non laureis postes obumbramus, nec lucernis diem infrangimus* (Apol., XXXV). Mais quand brillèrent les jours du

(1) Les lampes chrétiennes de Carthage.

triomphe, l'Église, dans les solennités du culte, se plut à parer de lampes l'intérieur de ses temples. Eusèbe nous a conservé le souvenir des illuminations splendides qu'ordonnait Constantin pendant la nuit de Pâques, et les chrétiens aimaient alors, en signe de joie, à orner leurs habitations de nombreuses lumières (1).

Ces usages des premiers fidèles expliquent le grand nombre de lampes chrétiennes que l'on a retrouvées et que l'on retrouve chaque jour en Italie, dans les Gaules et en Afrique.

Les païens représentaient sur leurs lampes leurs divinités, des scènes mythologiques ou d'autres signes symboliques. Ainsi, le cheval personnifiait Carthage, et nous le rencontrons sur une lampe païenne tel qu'il est sur les monnaies de la cité punique.

Les chrétiens des premiers siècles substituèrent aux figures païennes les emblèmes de leur foi. Des sym-

(1) Dictionnaire des antiquités chrétiennes.

boles gravés sur des anneaux ou sur des objets d'un usage journalier, comme sont les lampes, leur servirent de *tessères*, pour se reconnaître entre eux. Chaque figure avait sa signification, que les fidèles seuls initiés au secret pouvaient comprendre. Aussi, est-ce dans les lieux où les chrétiens tenaient leurs assemblées, comme dans les catacombes de Rome, que l'on retrouve tous les emblèmes en honneur dans les premiers siècles de l'Eglise.

Nous remarquons les mêmes signes allégoriques sur nos lampes chrétiennes de Carthage.

En voici le texte : *Le Poisson*, *l'Aigle*, *le Phénix*, *le Coq*, *le Paon*, *la Colombe*, *le Lion*, *le Tigre*, *le Lièvre*, *le Cerf*, *le Cheval*, accompagné de la palme, *l'Agneau* et la feuille de *vigne*, *le Cèdre*, *le Palmier*, *le Vase* et *le Chandelier* mosaïque...

« Avec le triomphe de l'Église, sous Constantin, s'ouvre une nouvelle phase de signes emblématiques. Le monogramme du Christ apparaît sur les monuments et se transforme graduellement, pour faire place à la croix pure et simple. Enfin, les chrétiens représentent Notre-Seigneur lui-même, la tête entourée du nimbe, foulant le démon sous ses pieds et le perçant de la croix (1). »

On remarquait aussi quelques statues, des tronçons de marbre blanc assez bien conservés. Grâce aux ordres du cardinal Lavigerie et aux soins de ses missionnaires, ils sont préservés de la destruction. Il ne faut pas oublier, en effet, que l'arabe est plus destructeur que le temps.

Nous n'avions plus que quelques heures à passer sur les ruines de Carthage : cependant nous voulions tout voir ; il fallut nous borner à visiter les ruines principales. Les bains de Didon méritent une mention particulière. Après avoir parcouru un couloir long d'une douzaine de mètres, nous arrivions à une vaste salle de sept mètres de long sur trois mètres de large. Cinq ouvertures rondes, disposées en forme

(1) Les lampes chrétiennes de Carthage.

de croix, y font pénétrer le jour. Deux étuves communiquent à cette vaste pièce, où l'on aperçoit quelques restes de peintures assez fines.

Les citernes du bord de la mer sont beaucoup plus vastes et beaucoup mieux conservées.

Elles se composent de dix-sept bassins de plus de trente mètres de long sur six mètres de large et neuf mètres de profondeur, sans compter les voûtes.

Elles pouvaient contenir vingt-cinq mille mètres cubes d'eau.

Dans les couloirs, nous avons remarqué des mosaïques qui n'ont rien de particulier, mais qui sont assez bien conservées.

Au-dessus des citernes, s'élève le fort neuf (Bordj-Djedid), qui a porté longtemps le nom de fort Saint-Louis. Nous désirions le visiter, mais l'entrée en était fermée.

Deux vieux canons rouillés gisaient à terre auprès du mur d'enceinte, à moitié cachés par les herbes. La porte fut jadis blindée ; le fer se détache, mangé par la rouille. Il eût suffi d'un vigoureux coup d'épaule pour enfoncer cette porte; nous nous contentâmes de frapper à coup de poing, supposant que les gardiens étaient endormis.

Tout à coup nous fûmes aperçus par un soldat tunisien au teint bronzé, qui accourut de loin.

Ce ne fut qu'après de longues instances qu'il consentit à nous ouvrir la porte du fort. La visite fut bientôt faite : sept ou huit vieux canons soutenus par des affûts de bois vermoulus, quelques boulets de petit calibre, et c'est tout.

Comme le gardien était fier de nous montrer ce qu'il croyait un arsenal redoutable, je lui dis :

— Maintenant que nous sommes maîtres du fort, c'est à toi d'en sortir.

Son visage trahit aussitôt une véritable crainte. Je ne me doutais pas alors que tous les autres forts de Tunis seraient pris aussi facilement, deux mois après, par les troupes françaises.

Chose digne de remarque, le gardien refusa la pièce

d'argent que nous lui offrions. Comme nous lui manifestions notre étonnement de ce désintéressement rare chez le soldat tunisien, il nous dit :

— Je n'accepte pas votre argent, parce que le marabout a soigné mon fils malade : il désignait le R. P. Delattre qui nous accompagnait.

Au-dessus du cap Carthage s'élève le village de Sidi-Bou-Saïd, dont les blanches maisons qui réfléchissaient les derniers rayons du soleil ressemblaient à une vaste carrière de marbre.

Les Européens n'osent pas s'aventurer dans ce village, qui est considéré comme saint et habité, comme la ville de Kairouan, par des musulmans fanatiques. Seuls les missionnaires de Saint-Louis y pénètrent pour distribuer des remèdes aux malades.

La charité chrétienne fait ouvrir les portes fermées par le fanatisme.

*
* *

La nuit approchait, nous rentrâmes au collège, un peu fatigués de nos courses, mais très satisfaits de ce que nous avions vu.

La soirée se passa à causer de Carthage ; à évoquer les souvenirs de Tertullien, dont la vigoureuse apologétique semble être écrite pour les hommes de nos jours ; de saint Cyprien qui avait versé son sang pour la foi ; de sainte Monique, modèle et patronne des mères chrétiennes ; de saint Augustin, qui avait enseigné la rhétorique à Carthage. Il nous semblait entendre celui qui devait être l'illustre évêque d'Hippone se plaindre des jeunes gens qui fréquentaient son école.

Le passage suivant des *Confessions* est un portrait achevé de ces écoliers :

« A Carthage, c'est une chose honteuse de voir jusqu'à quel point la licence règne parmi les écoliers.

Ils entrent dans les classes avec une impudence extrême qui tient quelque chose de la fureur, et, après y être entrés, ils troublent l'ordre que les maîtres y ont établi pour l'avancement de leurs disciples et, avec une brutalité non pareille, ils commettent mille insolences qui devraient être punies par les lois, si elles n'étaient autorisées par la coutume..... Ainsi, ayant aimé la licence lorsque je n'étais qu'écolier dans ma jeunesse, j'étais contraint de la supporter dans les jeunes gens en cet âge où j'étais devenu leur maître. Et c'est ce qui me donnait d'autant plus d'envie d'aller en un lieu où tous ceux qui en avaient connaissance m'assuraient que l'on ne vivait pas de la même sorte. »

On sait qu'Augustin réalisa son désir, et qu'il partit pour Rome. De Rome, il se rendit à Milan, où la grâce l'attendait et où il reçut le baptême des mains de saint Ambroise. Plus tard, il devint l'illustre évêque d'Hippone ; nous le retrouvons dans cette même ville de Carthage, où les sept cent quarante-huit évêques de l'Afrique se réunirent plusieurs fois en concile. Saint Augustin y fut l'éloquent et vigoureux athlète de la foi, attaquée par les donatistes et les pélagiens.

Une grande espérance vint apporter la joie dans nos cœurs.

Qui sait, disions-nous, si nous ne verrons pas l'Église de Carthage sortir du tombeau ? Le siège de saint Cyprien ne sera-t-il pas occupé par un prélat au zèle ardent ? Et nous répétions avec émotion cette prière :

« Du fond de votre sépulore, levez-vous, ô Saint de Dien, hâtez-vous de consoler par votre présence les lieux qui vous furent si chers et où nous serions si heureux de préparer votre triomphe ! *Move te, surge, Sancte Dei, ad loca festina quæ tibi parata sunt !* »

Deux ans se sont écoulés..... La France, qui est encore le chevalier de Dieu, a établi son protectorat sur la Tunisie. Son Éminence le cardinal Lavigerie, archevêque d'Alger, a reçu du Souverain Pontife la juridiction spirituelle sur cette contrée, désormais ouverte à la civilisation chrétienne.

Le zèle persévérant de cet éminent prélat fait espérer que le siège du primat de l'Afrique sera un jour relevé (1).

(1) Nos vœux sont réalisés, comme on le verra par les lettres ci-jointes de Sa Sainteté Léon XIII.

FIN

LETTRES APOSTOLIQUES

DE

Notre Très Saint-Père le Pape

LÉON XIII

PAPE PAR LA DIVINE PROVIDENCE

Au sujet de la restauration du siége archiépiscopal de Carthage

—

LÉON, ÉVÊQUE

SERVITEUR DES SERVITEURS DE DIEU

AD PERPETUAM REI MEMORIAM

—

La charité maternelle de l'Église, bien que répandue également sur tout le genre humain, et merveilleusement soucieuse de toutes les nations, cependant a coutume de regarder avec un sentiment particulier de miséricorde celles que la violence ou l'erreur ont arrachées des bras de l'Évangile. Il n'y a rien de si grave que de voir les ténèbres renaissantes de la superstition aveugler ceux à qui une grâce éclatante et un bienfait de Dieu avaient fait briller la lumière de la vérité; il n'y a rien de si malheureux que de retomber dans la mort après avoir été racheté pour le salut. -- C'est un secret conseil de Dieu qui a frappé d'une calamité de ce genre nombre de terres, et aussi l'Afrique romaine, alors que la doctrine chrétienne si tôt connue des Africains et reçue d'eux fut éteinte violemment par un flot d'immenses tempêtes.

La destinée lamentable de Carthage dépassa en cela toute mesure ; cette ville, si illustre par la gloire chrétienne autant que par la gloire militaire et civile, fut détruite de fond en comble par de désastreuses vicissitudes, et écrasée sous ses ruines mêmes.

En méditant sur ses évènements, Nous, attentif à Notre devoir apostolique, Nous n'avons pu regarder sans une pitié paternelle tels qu'ils sont aujourd'hui, ces rivages de l'Afrique, placés presque à notre horizon. Puisque Nous voyons que le nom catholique y revit avec assez de force en ce moment, Nous voulons que cette bonne moisson, qui promet des fruits abondants, par Notre culture et Nos soins pousse chaque jour des racines plus profondes, et grandisse heureusement avec l'aide de Dieu. Aussi, comme il importe surtout à la stabilité et à l'ordre de la religion que toutes les sociétés chrétiennes soient sous la conduite d'évêques qui leur soient propres, Nous avons pensé, en regardant l'état de l'Église africaine, qu'il fallait relever le siège archiépiscopal de Carthage, et supprimer l'administration apostolique.

Il convient de revenir par la pensée, à ce sujet, sur l'antique splendeur de cette église, et de tirer du souvenir du passé l'augure de l'avenir. Sans doute il est constant que l'Église d'Afrique est née de l'Église romaine, puisque la plus ancienne tradition rapporte que, si ce n'est saint Pierre, ce sont du moins ses successeurs les plus immédiats qui ont apporté l'Évangile aux Africains. Le nom chrétien se montre comme ayant fait de rapides progrès chez eux : le second siècle n'était pas achevé, que les diocèses furent définis, limités suivant le rite et plusieurs églises ont été constituées en Afrique. On peut conjecturer la force de leur discipline, par ce fait qu'avant la fin du second siècle l'Église catholique reçut de l'Afrique un pontife, saint Victor, qui après avoir gouverné habilement la république chrétienne, dix ans après succomba au martyre. A un court intervalle, une grande quantité d'hommes savants et grands s'y éleva : Nous parlons de Cyprien, de Tertullien, d'Aurélius, d'Evode, de Possidius et de celui de tous qui a le plus illustré non seulement l'Afrique, mais la république chrétienne tout entière, Augustin.

Que Carthage ait présidé aux débuts de l'Église africaine, personne n'en doute. Les évêques de cette ville ont acquis de bonne heure une puissance qui primait celle des autres, et l'Église même de Carthage, comme on le voit dans saint Augustin, est appelée la tête de l'Afrique. En effet, telle était l'autorité des pontifes carthaginois en Afrique, qu'ils connaissaient d'ordinaire des causes des églises, ils donnaient aussi des réponses aux évêques, envoyaient des légats au prince, ordonnaient les conciles de toutes les provinces. Sur ce sujet, le témoignage de Notre prédécesseur St Léon IX, est très honorable et très grave; on lui demanda son avis sur le droit de l'archevêché de Carthage, et il répondit à l'évêque Thomas en ces termes : « Sans doute, « après le Pontife romain, le premier archevêque et le mé« tropolitain suprême de toute l'Afrique est l'évêque de « Carthage; et il ne peut perdre, au profit d'aucun évêque « en toute l'Afrique, le privilége une fois concédé par le « Saint-Siége apostolique et romain ; mais il le gardera « jusqu'à la fin des siècles et tant qu'on y invoquera le « nom de Notre-Seigneur Jésus-Christ, soit que Carthage « gise abandonnée, soit qu'un jour elle revive en sa gloire. « Cela est clairement démontré par le concile du bienheu« reux martyr Cyprien, par les synodes d'Aurélius, par « tous les conciles africains : et ce qui est plus important « encore, par les décrets de nos vénérables prédécesseurs, « les pontifes romains. »

Ce n'est pas seulement par la dignité, c'est aussi par l'exemple des vertus chrétiennes, et surtout par celui du courage, que Carthage a semblé l'emporter. En effet, si l'on en excepte Rome, on ne trouvera pas une autre ville qui ait enfanté tant de martyrs et tant d'hommes illustres pour l'Église et pour le ciel. La renommée et le culte de la postérité éloignée distinguent entre tous Perpétue et Félicité, couple de nobles femmes, dont la victoire a été d'autant plus admirable que la faiblesse de leur sexe a plus longtemps résisté aux tortures les plus raffinées. Non moins noble est la palme de Cyprien. Après avoir ennobli Carthage par sa sainteté et ses grands actes, le nom chrétien par sa plume et ses ouvrages, il finit au milieu de son Église, sous les yeux de ceux mêmes qu'il avait formés pour le martyre, par répandre volontiers son sang avec sa vie pour Jésus-Christ dans une éclatante confession.

Ce qui recommande encore la mémoire de l'Église de Carthage, c'est que les évêques africains avaient coutume de s'y réunir, sur la convocation de son archevêque, pour y délibérer ensemble sur les affaires communes de la religion. On y rendit, en divers temps, plusieurs décrets fort sages, dont beaucoup survivent, et dont l'autorité a été très efficace pour comprimer les hérésies, pour conserver religieusement la discipline morale dans le clergé et dans le peuple. La renommée reconnaissante célèbre avant tout le troisième concile de Carthage, tenu par l'évêque Aurélius, homme si remarquable, concile où Augustin apporta la lumière de sa sainteté et de son génie.

Tant de fruits salutaires de ce genre, obtenus au prix de tant d'efforts et de travaux, par l'épiscopat carthaginois, doivent être rapportés surtout à l'union intime avec ce Siège apostolique. Comme, en effet, on comprenait en Afrique que, de droit divin, l'Église romaine était établie comme la première et la maîtresse des autres, et que chacune des autres Eglises recevait d'elle tout principe de vie et de vigueur, comme les branches de leur racine, on n'y eut rien de plus à cœur que de rester attaché par un lien perpétuel et intime aux successeurs de saint Pierre. Différents monuments littéraires, les actes des conciles, des légations fréquemment envoyées sur de graves affaires aux pontifes romains, notamment les lettres d'Optat et de Cyprien, attestent cela par le poids d'une grave autorité. Il est digne de mention qu'un tel respect pour le Siège apostolique ne fût affaibli ni par la longueur du temps, ni par les changements effroyables des choses. L'Afrique en retira un double bienfait : dans ses plus grands malheurs, elle trouva toujours un refuge et une consolation dans le Siège apostolique ; puis, forte de l'enseignement et de la protection des pontifes romains, elle repoussa en partie, en partie éteignit les plus pernicieuses hérésies.

Après avoir duré en la gloire jusqu'à un temps qui n'est pas très éloigné, l'Église d'Afrique commença à vieillir et à décliner ; mais elle eût pu encore vivre bien plus longtemps, si la violence ne l'eût achevée. Car ce n'est pas le poids de sa vieillesse qui la fit périr ; elle succomba écrasée sous les armes barbares. On sait combien de maux les Vandales ont apportés aux Africains : leurs armées effrénées, partout où elles mettaient le pied, portaient, outre le pillage des villes et le massacre des citoyens, le poison de la peste arienne ;

telle était la terreur qu'ils inspiraient, que les catholiques *ne pouvaient plus respirer ; ils gémissaient de n'avoir plus une place où prier, où sacrifier* (1).

Au septième siècle, les Sarrasins, ennemis du nom chrétien, après avoir inondé ces provinces, comme un ouragan, et imposé aux indigènes le joug d'une cruelle servitude, mirent à feu et à sang cette Carthage, déjà lasse de tant d'épreuves ; ils y apportèrent la ruine complète et la dévastation de l'Église.

En ces temps, alors que sévissait en tant de lieux la fureur des ennemis de la foi catholique, s'éleva une moisson de martyrs, ainsi qu'un grand nombre de confesseurs, de magnifiques bataillons, de courageux évêques et prêtres, de sorte que l'Église africaine, qui avait vécu avec gloire, périt aussi avec dignité. Dans les ténèbres qui suivirent, deux évêques de Carthage apparaissent, qu'on ne connaît guère que de nom : Thomas, dont on a parlé plus haut, et Cyriaque. Car, presque tous ceux qu'on rencontre au quinzième siècle et après ne portèrent pour la plupart que des titres honorifiques.

Après cinq siècles de la domination sarrasine, alors qu'il ne restait en Afrique presque plus de traces, et des traces bien faibles, de l'Église-sœur, il se rencontra en Italie un

(1) Victor de Witt., *Pers. Vand.*, l. I, c. 7.

homme dont le grand cœur conçut l'idée de sauver la race africaine, et qui pensa à y rétablir la religion catholique. Ce fut, comme tout le monde le sait, François d'Assise. Il envoya à Tunis, chef-lieu du proconsulat d'Afrique et voisine de Carthage, ses deux élèves Egide et Electe, et il leur ordonna de travailler, autant qu'ils le pourraient, à rappeler ces peuples à l'institution catholique.

Entreprise pleine de risques et d'obstacles, s'il en fut : tous deux y dépensèrent beaucoup de charité et un suprême courage; l'un fut comblé de gloire en sa sainte entreprise par un noble martyre. — Bientôt Grégoire IX, Notre prédécesseur, envoya d'autres hommes de ce même institut pour y répandre la civilisation ; mais leurs travaux apostoliques furent interrompus par la persécution barbare, et il arriva nécessairement que la terre d'Afrique ne reçut plus d'hommes apostoliques jusqu'au dix-septième siècle. Alors enfin, par l'autorité de la sacrée Congrégation de la propagande du nom chrétien, une préfecture apostolique, fut instituée, qui comprenait les provinces d'Algérie, de Tripolitaine, de Tunisie; les enfants de saint François, dits Capucins, en furent chargés.

Puis, on créa par la suite un préfet apostolique qui gouverna tout le territoire de la Tunisie, et les mêmes religieux furent investis de cette charge. Ils remplirent cette œuvre difficile, bravement entreprise, avec une âme toujours élevée, et ils donnèrent maintes fois de grandes preuves du pouvoir de la charité. La férocité sauvage des Sarrasins leur infligea des mauvais traitements incroyables; on compte en grand nombre ceux qui, enlevés par l'insalubrité du climat ou par le fer barbare, ceux qui, épuisés par les veilles et de continuels labeurs, ont obtenu les honneurs du martyre. Leur courage servit à merveille le progrès de la religion, et il faut tenir grand compte des importants avantages qu'en un temps plus récent ils apportèrent aux Africains : paroisses fondées, écoles ouvertes pour l'instruction des enfants, pieux instituts destinés à la consolation des malheureux.

Au commencement de ce siècle, quand les troupes françaises débarquèrent en Afrique et s'établirent victorieuses sur le littoral, une province y fut établie, dont le gouvernement leur appartint d'abord. Un peu plus tard, un évêque ayant été donné aux Algériens, ces très vastes régions, longtemps soumises à la domination des Sarrasins, parurent avoir repris quelque chose de leur ancien éclat. Ensuite, les diocèses d'Oran et de Constantine ayant été créés, les très saints rites catholiques furent restaurés, après une longue interruption, en plusieurs lieux où jadis une église avait été établie tranquille et prospère. La Tunisie elle-même, où s'était accru le nombre des chrétiens, vit remplacer la préfecture par un vicariat apostolique, et reçut du Siège de Rome un évêque. A partir de ce temps, nombre de mesures utiles à la discipline chrétienne et morale ont été prises :

les paroisses ont été agrandies, les écoles augmentées, nombre de pieuses congrégations rassemblées.

Ces commencements déjà prospères donnaient à beaucoup l'espoir que des colonies seraient annexées en ce golfe où Carthage était située, que la ville principale de l'Afrique pourrait être rappelée de la ruine et recevoir du Pontife romain, suivant l'institution des ancêtres, un nouvel évêque. Nous Nous félicitons que le succès ait répondu, en partie, à ces espérances ; Nous avons conscience que, Dieu aidant, la suite y répondra de même. Car, l'Eme cardinal de la S. E. R. Charles-Martial Lavigerie, archevêque d'Alger, ayant pris l'administration du vicariat tunisien, cet homme sage et actif s'appliqua à la propagation de la foi et à la constitution stable de l'ordre religieux. En peu de temps, il acheva nombre d'œuvres utiles, et en entreprit beaucoup de très opportunes pour relever Carthage de ses cendres. Il éleva un palais épiscopal avec une chapelle dans la région dite *Megara*, près de l'endroit que Cyprien consacra de son sang, à peu de distance de son tombeau, sur les ruines mêmes de Carthage ; là, les habitants du voisinage, surtout des pauvres et des malheureux, trouvent chaque jour la consolation de leur misère. Il établit des prêtres dans sa propre demeure épiscopale, pour accomplir les devoirs de la charge sacerdotale à Tunis et dans les endroits les plus peuplés du vicariat : et ce sont encore les Franciscains capucins qui continuent à travailler bravement à ce ministère.

Dans la région appelée *Byrsa*, il fonda le séminaire de Carthage ; les élèves grandissant pour l'espoir du nouveau diocèse, sont instruits dans la théologie, la philosophie, les humanités, par le soin et la direction de maîtres capables. Il ajouta nombre de paroisses aux anciennes, il en établit une dans la chapelle dédiée à saint Louis, à l'endroit même où le pieux roi fut retiré de la brièveté de cette vie pour recevoir au ciel l'éternelle récompense. En oûtre, il ouvrit un hôpital pour ceux qui souffrent de ces deux maux : la vieillesse et la pauvreté, pour soigner les maladies du peuple ; des maisons d'éducation pour les deux sexes.

Donc, après avoir considéré avec soin ce que Nous venons de rappeler, et après avoir pesé chaque chose à sa valeur, et aussi réclamé l'avis de la Sacrée Congrégation chargée de la propagande du nom chrétien, pour le bonheur de la société chrétienne, et surtout pour le salut et l'honneur des Africains, Nous rétablissons par l'autorité de ces lettres, le siège archiépiscopal de Carthage. En conséquence, Nous ordonnons que les limites du territoire tunisien, dans lesquelles était autrefois Carthage, et qui embrassent aujourd'hui cinq bourgs, à savoir : *La Marsa, Sidi-Bou-Saïd, Douar-es-Chott, La Malga, Sidi-Daoun*, avec leurs temples, oratoires, pieux établissements, et avec tous leurs habitants catholiques de l'un et de l'autre sexe, passent de la puissance du vicaire apostolique de la Tunisie sous celle de l'archevêque de Carthage, et lui obéissent à l'avenir.

Parmi les églises qui sont dans les limites de la cité, celle-là sera métropolitaine, sans changement de nom toutefois, que préférera celui qui doit exécuter Nos présentes décisions.

Que l'archevêque de Carthage s'adjoigne, si besoin est, un ou plusieurs vicaires généraux; en outre, qu'il choisisse dans l'ordre du clergé des conseillers et des assistants pour expédier les affaires de l'archidiocèse. — Qu'il connaisse et juge les procès sur les mariages et les autres causes qui sont de la compétence de l'archevêque. — Qu'il dirige librement toutes les autres affaires qui regardent le ministère pastoral. — Qu'il réunisse des synodes diocésains aux époques fixées par le droit — Qu'il établisse, le plus tôt possible, un chapitre de chanoines métropolitains, suivant les prescriptions des lois ecclésiastiques. — Que l'un des chanoines soit le premier dans le chapitre, et soit honoré de la dignité d'archidiacre; que deux autres soient canoniquement élus pour remplir l'office, l'un de théologal, l'autre de pénitencier. — Que le séminaire carthaginois soit affecté pour toujours à l'éducation des élèves du sanctuaire. — Que pendant la vacance, l'administration de l'archidiocèse soit gérée suivant les prescriptions des lettres apostoliques de Benoît XIV : *Ex sublimi* et *Quam ex sublimi*.

Quant aux églises suffragantes, aux limites à déterminer, et de même aux autres choses qui regardent la constitution parfaite de l'archidiocèse, Nous voulons Nous réserver entièrement le droit de décider d'une façon opportune ce qui paraîtra convenable. — Enfin, Nous chargeons Notre vénérable frère Charles-Martial Lavigerie, cardinal de la S. E. R., archevêque d'Alger, administrateur de Tunis, d'exécuter tout ce que contiennent Nos présentes lettres, et cela soit par lui-même, soit par une tierce personne constituée en dignité ecclésiastique.

Et Nous voulons que toutes les choses que Nous avons décrétées par ces lettres, et chacune d'elles, demeurent, en tout temps comme aujourd'hui, fermes, établies, confirmées, et qu'il n'y soit mis obstacle en aucune manière, pas même par Nos règles et celles de Notre chancellerie, à toutes lesquelles Nous dérogeons en faveur de ces décisions. Qu'il ne soit donc permis à personne d'enfreindre ces lettres, ou aller à l'encontre par téméraire audace. Que si quelqu'un prend sur lui de le tenter, qu'il sache qu'il encourra l'indignation du Dieu tout-puissant et de ses apôtres les bienheureux Pierre et Paul.

Donné à Rome, près Saint-Pierre, l'an 1881 de l'incarnation du Seigneur, le quatrième jour des ides de novembre, de Notre pontifical l'an septième.

C. card. SACCONI, prodataire.
F. card. CHIGI.

Vu :
Pour la curie : I. des vicomtes DE AQUILA.
(L. † S.)

I. CUGNONI.

www.ingramcontent.com/pod-product-compliance
Lightning Source LLC
LaVergne TN
LVHW010101230826
846091LV00005B/2034

* 9 7 8 2 0 1 3 2 6 3 6 5 8 *